ORAISON FUNÈBRE

DE

S. G. Mgr CHARLES-AMABLE

DE

LA TOUR D'AUVERGNE-LAURAGUAIS

ARCHEVÊQUE DE BOURGES

PATRIARCHE, PRIMAT DES AQUITAINES, ASSISTANT AU TRONE PONTIFICAL

PRONONCÉE

DANS L'ÉGLISE MÉTROPOLITAINE

LE 5 NOVEMBRE 1879

PAR Mgr GASPARD MERMILLOD, ÉVÊQUE D'HÉBRON

Vicaire Apostolique de Genève

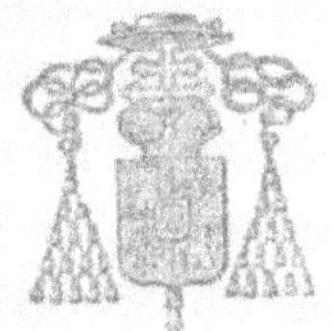

BOURGES

CAMILLE TRIPAULT, LIBRAIRE-ÉDITEUR

24, Rue Cour-Sarlon, 24

1879

ORAISON FUNÈBRE

DE

S. G. Mgr CHARLES-AMABLE

DE LA TOUR D'AUVERGNE-LAURAGUAIS

ARCHEVÊQUE DE BOURGES

PATRIARCHE, PRIMAT DES AQUITAINES, ASSISTANT AU TRONE PONTIFICAL

prononcée dans l'Église Métropolitaine
le 5 Novembre 1879
par Mgr Gaspard MERMILLOD, Évêque d'Hébron, Vicaire Apostolique de Genève

Suscitabo mihi sacerdotem fidelem, qui juxta cor meum et animam meam faciet..., et ambulabit coram Christo meo cunctis diebus.

« Je me susciterai un prêtre fidèle » qui agira selon mon cœur et selon » mon âme.... qui marchera devant » mon Christ tous les jours de sa vie. »

(*I Rois*, xi, 35.)

MONSEIGNEUR [1],

Le contraste qu'en deux années vient d'offrir cette Métropole s'impose à tous les esprits ; au mois de mai 1878, les foules, le clergé en sortaient à flots joyeux et pressés, portant en triomphe, au milieu des bénédictions de Pontifes nombreux, les ossements glorifiés d'une humble bergère. Sous le souffle inspirateur de votre grand Archevêque, qui avait foi en sainte

(1) Mgr Coullié, évêque d'Orléans ; était présent le Révérendissime Père Abbé de Fontgombault.

Solange et en son peuple, vous étiez les témoins consolés d'une résurrection religieuse, digne des âges héroïques. Vous aviez compris l'acte d'intrépidité épiscopale entrepris dans nos temps agités; la cité, la province en fête s'agenouillaient devant la fille des champs, douce martyre de sa pureté.

Le périlleux honneur de prêter un accent à cette incomparable solennité m'était confié : je redis les enseignements de cette fête religieuse et nationale de la Patronne du Berry; votre Père était là, souriant à ma parole, écho bien affaibli pourtant de son cœur et de sa piété!

Hélas! peu de mois s'écoulèrent; ce peuple frémissant, ce clergé, ces petits enfants confondus dans une commune allégresse, reprenaient le chemin de votre Cathédrale en deuil; ils n'avaient plus les palmes et les symboles si gracieux de la Sainte, ils couvraient un cercueil de couronnes et de fleurs, ils versaient les larmes et les prières de la reconnaissance et de la tendresse filiales. Le coup si rapide de la mort de votre Archevêque frappa d'une douloureuse stupeur le Diocèse, la France et l'Eglise. Léon XIII, juste appréciateur du mérite, pleura celui que Pie IX avait aimé. Un cortége d'Evêques s'unit à l'éminent Cardinal de Paris qui, ne redoutant aucune fatigue, avait à cœur de célébrer le saint sacrifice et de présider aux funérailles. Un éloquent Prélat célébra sa mémoire, vous fîtes à

(1) Mgr Duquesnay, évêque de Limoges.

votre Père des obsèques dignes de lui et dignes de vous.

Je fus à vos joies, je ne pouvais refuser d'être à votre douleur. En présence de cette mort prématurée, couronnant une vie courte mais pleine de mérites, devant le deuil universel des malheureux qui pleurent un bienfaiteur, d'un clergé qui a perdu un modèle autant qu'un chef ; que puis-je ajouter à la voix unanime et populaire sans contradiction, à cet éloge funèbre qui s'échappe des lèvres de tous ? Vous me pardonnerez si je n'égale pas les louanges à ses vertus ; votre souvenir les achèvera.

Quel fut le trait fondamental, le signe caractéristique de votre Evêque ? Il me semble que dans l'équilibre merveilleux de ses facultés, dans l'harmonie de ses qualités et de ses travaux, dans l'ensemble doux et majestueux qui était le reflet de sa personne, dans la trame de sa vie, on découvre en lui l'Evêque parfait ! Il est l'homme de la prière et de l'action ; il est apôtre et docteur, sa dignité anime les pompes des cérémonies, son conseil inspire les œuvres, sa sagesse les règle ; dans la chaire sacrée, à l'autel, dans les délibérations, il apparait toujours le même, prudent et ferme ; la fidélité à Dieu et au bien de son peuple en font le type expressif de l'Evêque accompli, toujours et partout. Ne mérite-t-il pas que ce texte de nos Livres saints lui soit appliqué : *Suscitabo mihi sacerdotem fidelem, qui juxta cor meum et animam faciet.... et ambulabit coram Christo meo cunctis diebus.* « Je me susciterai un

» prêtre fidèle qui agira selon mon cœur et selon mon » âme.... et qui marchera devant mon Christ tous les » jours de sa vie. »

Il eut donc deux fidélités: aux grâces providentielles qui le préparaient à votre Eglise, et à la mission de vivre et de mourir à son noble service. Tel est l'hommage que nous consacrons à la mémoire de VOTRE ILLUSTRISSIME ET RÉVÉRENDISSIME PÈRE EN DIEU, MONSEIGNEUR CHARLES-AMABLE DE LA TOUR D'AUVERGNE-LAURAGUAIS, ARCHEVÊQUE DE BOURGES, PATRIARCHE, PRIMAT DES AQUITAINES, ASSISTANT AU TRONE PONTIFICAL.

I

Dieu, qui voulait vous donner un Évêque accompli, multiplia pour lui et pour vous les dons de la nature et les richesses de la grâce. Son berceau fut à Moulins, dans cette cité qui, la première, rendit un culte public au Sacré Cœur de notre Sauveur, dans cette cité qui reçut le dernier soupir de cette héroïque chrétienne, sainte Jeanne-Françoise de Chantal, dont le frère, Mgr Frémiot, ami de saint François de Sales, occupa le siége archiépiscopal de Bourges. Au seuil de la vie, il trouvait un grand nom à porter et le devoir de continuer les éclatants services de ses ancêtres. Trop souvent adulateurs du présent, nous supportons peu les souvenirs de la veille. Notre admiration exagérée de nos succès nous fait oublier que les grandeurs du passé sont le piédestal de l'avenir et la fortune sacrée d'un peuple. Etre le fils de ses œuvres, devenir un ancêtre, c'est une gloire sans doute! mais pouvons-nous livrer l'humanité à un perpétuel orage destructeur? réduire notre sol à un désert où tout est sable et poussière? Vos constructions modernes ne vous empêchent pas de contempler avec émotion votre basilique, qui a vu les agenouillements du Moyen-Age et qui abritera longtemps encore les peuples nouveaux; ne craignez donc pas les souvenirs qui sont le point d'appui de vos conquêtes!

Votre Archevêque ne vit dans sa naissance qu'une charge et qu'une responsabilité. *Noblesse oblige* fut l'inspiration de sa vie; c'étaient d'ailleurs les traditions de sa famille; ses deux frères servaient leur pays, l'un dans la carrière diplomatique maintenant avec intelligence dans les conseils de l'Europe les droits de la France; l'autre porte encore une vaillante épée sur cette terre d'Afrique qui ne sera complètement française que lorsque la croix ombragera la charrue des colons et le glaive du soldat. Charles entend l'appel de Dieu à un service plus haut dans un sacrifice plus grand; devant lui s'ouvrent pourtant de brillantes perspectives, il ne songe qu'à être fidèle à la voix divine.

Sa mère (1) fut sa première éducatrice. La mère, a-t-on dit, c'est l'être qui peut remplacer tous les autres et qu'aucun autre ne remplace. C'était bien la femme

(1) Voir à la fin de l'*Oraison funèbre* la pièce justificative pour la généalogie de la famille de La Tour d'Auvergne.

forte, d'un grand mérite; née dans l'émigration, elle apprit la vie à l'école de l'exil; c'est là qu'elle puisa cette vigueur de pensée, cette piété intelligente et droite, cette modestie dans la prospérité, cette paix résignée sous le poids des chagrins. A l'exemple de sainte Jeanne de Chantal, veuve de bonne heure, le courage de la Princesse de La Tour d'Auvergne était à la hauteur de ses vives épreuves; elle leur resta supérieure comme elle était demeurée simple et bienveillante au milieu de ses salons du Ministère des affaires étrangères qu'elle avait tenus, pendant le passage de son fils aux affaires, avec une habileté et une grâce parfaites.

Elle consacra ses dernières années à l'éducation de son petit-fils, qu'elle éleva, comme elle avait élevé ses enfants, dans la pratique des vertus et des sentiments qui font les hommes forts et les âmes viriles.

Grande dame dans toute l'acception du mot, sa conversation empruntait à une vie qui s'était écoulée au milieu du monde et des révolutions de votre pays, un charme particulier où le cœur et l'esprit trouvaient leur compte.

Charitable et bienveillante à l'infini, son hôtel était plus rempli de ceux qui pleurent que de ceux qui rient, et grand fut le nombre des malheureux qui perdirent en elle leur soutien et leur appui (1).

Vous devinez quelles furent les pieuses émotions de

(1) Le comte de Bonfils a écrit une page touchante sur elle. (Voir l'opuscule *Souvenirs et Regrets*.)

cette mère, lorsqu'elle entrevit la vocation de son fils; inaccessible aux alarmes et aux ambitions maternelles, elle savait que le sacerdoce, surtout l'épiscopat imposent de rudes devoirs et conduisent souvent aux plus âpres persécutions. Elle était parente de ce pieux Archevêque de Paris (1) qui avait vu tomber son palais sous l'émeute, sa liberté menacée et sa vie en péril. Loin de l'écarter de cette voie des immolations, elle le prépare elle-même, lui répétant les paroles de la comtesse de Sales qui montrait à son fils, l'Eglise de son baptême : « Mon fils, ton plus beau titre d'honneur, ce n'est ni ton nom, ni ta fortune; ton baptême, voilà ton plus glorieux blason. » De telles leçons ne furent pas stériles et plus tard, sous le toit de votre Archevêché, des témoins, émus des scènes de mutuelle tendresse et de mutuelle vénération entre la mère et le Pontife, se sont-ils écriés : « Nous avons vu l'Evêque d'Hippone et sa mère. »

Dieu leur fit à tous deux la grâce la plus enviable, grâce accordée à de grands Saints. L'histoire et la peinture ont retracé ce tableau des rivages d'Ostie où sainte Monique mourante dit à son fils : « Vous êtes ma joie et ma consolation. » La mère de saint François de Sales les répéta sur son lit de mort à son fils évêque; son âme partit pour le Ciel sous les bénédictions de celui qu'elle avait formé pour l'Eglise. La princesse de La Tour d'Auvergne eut aussi cette insigne faveur, d'être soutenue à son heure dernière par celui qu'elle aimait

(1) Mgr de Quélen.

comme son fils, qu'elle vénérait comme un pontife de Dieu. Votre Archevêque était près de ce lit de douleur, l'âme brisée, les yeux pleins de larmes, mais avec la force surhumaine du prêtre qui verse l'onction sainte et donne le viatique pour l'éternité. La mère était aussi héroïque que le prêtre. « Chère mère, lui disait-il, baisez le crucifix, dites : Mon Dieu, je vous aime de tout mon cœur ; mon Dieu, je m'abandonne à votre sainte volonté », et la pieuse mère collait ses lèvres avec une foi ardente sur l'image du Christ, répétant d'une voix éteinte, mais ferme, toutes les saintes prières.

Quelle scène des premiers siècles ! Sur ce Calvaire était agenouillé un jeune prince, priant et sanglotant, qu'elle regardait d'un regard de prédilection ; la chrétienne à l'agonie le bénissait parce qu'elle voyait en lui toutes les espérances de sa foi et de son sang.

Vous me pardonnerez de vous retenir sur ces rapports, mais, je le sais, votre Eglise de Bourges comprit cette grande douleur ; elle semblait redire, au contact du cœur de l'Archevêque formé par le cœur de la mère, les acclamations de la Judée : « Bienheureuses les entrailles qui l'ont porté, et le sein qui l'a nourri. »

L'éducation publique de Stanislas (1) et du petit Sé-

(1) Il eut pour condisciples M. E. Caro, M. Nourrisson, MM. de Briey, l'un évêque de St-Dié, et l'autre chanoine de Poitiers ; M. le comte Foucher de Careil, connu par ses publications sur Leibnitz.

minaire de Paris (1), les émulations avec de brillants élèves qui, plus tard, honoreront les lettres, l'épée et le sacerdoce ; la vigoureuse impulsion de l'illustre précepteur de la jeunesse dont la renommée retentissante déjà présageait l'ardent athlète de la liberté religieuse (2) ; tout concourt à développer l'intelligence et le cœur de Charles. Bientôt, il entre dans le Séminaire de Saint-Sulpice (3), dans cet asile dont Fénelon disait au XVIIe siècle : « On ne peut rien voir de plus vénérable et de plus apostolique. » Il y est bientôt apprécié comme un des meilleurs élèves, et il est choisi comme un des maîtres autorisés de ses catéchismes célèbres. L'heure de la prêtrise a sonné pour lui, il est mûr avant l'âge prescrit par les saints canons. Son oncle, le Cardinal de La Tour d'Auvergne, lui impose les mains ; ce fut une grande figure que cet Evêque qui gouverna près d'un demi-siècle l'Eglise d'Arras. Par sa naissance, son éducation et son sacerdoce, il touchait au régime emporté dans l'orage ; il vit cette époque frivole, railleuse, à l'esprit sceptique, à l'élégance corrompue, sombrer dans la Terreur et dans le sang. Ni les triomphes de l'incrédulité souveraine n'entamèrent ses convictions, ni les périls ne le firent reculer devant l'ordination sacerdotale.

(1) A St-Nicolas, se trouvaient alors les Croix, les Noailles, les Dreux-Brézé, les Clermont-Tonnerre, les Chabot-Rohan, les Galiffet, — NN. SS. Lavigerie, Foulon, Hugonin, Coullié.

(2) Mgr Dupanloup.

(3) Il eut à St-Sulpice pour collègues : Mgr Langénieux, Mgr Thomas, Mgr de Ségur, Mgr de Lescaille et M. Le Rebours.

Il est de mode de faire le procès au clergé du XVIIIe siècle; ce n'est pas nous qui nous tairons devant les défaillances du sanctuaire, devant ces lévites coupables, qui tentent de se faire pardonner leur sacerdoce par des complicités d'opinion et d'attitude avec les fausses idées et les mœurs amollies ; il y eut sans doute des prêtres mondains et des prélats de cour, mais la calomnie des oppresseurs espère, en exagérant des faiblesses, légitimer les cruelles persécutions dont le clergé fut la victime. Certes, n'a-t-il pas subi la spoliation avec courage, porté la pauvreté de l'exil avec dignité, jeté en Angleterre et en Allemagne ces semences de résurrection catholique par une vie sainte et fière; n'est-il pas monté sur l'échafaud avec la sérénité de martyrs? Ces Evêques, fils de votre noblesse française, furent en majorité des vaillants qui avaient les traditions de la foi et les enseignements de la famille ; ils se sentaient hommes d'église et hommes de race; ils ont affronté, eux habitués à l'éclat et à la fortune, sans forfaire à Dieu et à l'honneur, tout ce que la misère, l'exil et la prison apportent d'âpres et poignantes tortures. Leur exemple même attirait au sacerdoce; les épreuves de l'Eglise fécondaient ses sillons; les archives de nombreux diocèses apportent de victorieuses réponses à ceux qui reprochent à ces fils de famille de n'avoir recherché que les richesses du sanctuaire sans être épris des fatigues de l'apostolat. Le Cardinal d'Arras fut de ceux qu'attire le sacrifice, il reçoit le sacerdoce dans une chambre obscure de Paris, et cinquante-neuf ans plus tard, il écrit avec une reconnaissante émotion la date de ce glorieux anniversaire (1).

Ce Prince de l'Eglise, qui unissait au prestige de la physionomie toutes les délicates séductions du cœur, qui avait su garder, à travers les révolutions multiples, l'estime des pouvoirs, la confiance du clergé, l'admiration du peuple, eut la douce mission d'initier son neveu à la pratique des affaires, au commerce des hommes, au laborieux et doux service des âmes. A vingt-quatre ans, l'abbé Charles obtient des lettres de Vicaire général, et, peu de mois après, il aura la douloureuse consolation de recevoir les derniers soupirs de cet oncle vénéré, dont Arras conserve toujours le vivant souvenir. C'est un des priviléges de ce Siége de saint Waast, le précepteur de Clovis, d'avoir dans sa dynastie spirituelle des hommes dont la Religion s'honore ; c'est une des gloires de l'Eglise catholique, immuable dans sa doctrine et dans sa constitution, d'appeler au sommet de sa hiérarchie toutes les supériorités, quelle que soit leur origine. La houlette pastorale, qu'a tenue cinquante ans le grand seigneur, passe dans les mains d'un fils du peuple ; au Cardinal de La Tour d'Auvergne succède Mgr Parisis, l'Athanase de notre temps. Dans une obscure boutique de boulanger à Orléans, il lit ses premiers livres

(1) Voici ce que traçait le cardinal d'Arras : « Aujourd'hui, jour de » saint Jean-Baptiste, il y a cinquante-neuf ans que j'ai été ordonné » prêtre par Monseigneur de Bonal, évêque de Clermont, en secret, » dans sa chambre, rue et hôtel Taranne, à Paris. Priez pour moi.
» † CHARLES, *cardinal-évêque d'Arras.* »

à la lumière du four paternel comme Drouot, ce général qui remporta contre l'Allemagne la dernière victoire du drapeau français. Ne fut-il pas aussi, lui, le chef intrépide et trop oublié qui a gagné l'une des premières batailles de la liberté de l'Eglise. Sans jamais pactiser avec les erreurs contemporaines, sans méconnaître l'esprit moderne, sans en oublier les aspirations et les tendances, mais aussi sans jamais rien sacrifier de l'esprit de Jésus-Christ, des principes sacrés de la sainte Eglise, dans ces lettres si épiscopales et si actuelles, dans ces pages doctrinales, dans ces écrits vifs et alertes comme à la tribune de l'Assemblée constituante, Mgr Parisis apporte la lumière immortelle de la foi, les clartés du bon sens sur les problèmes qui nous tourmentent, indique à nos sociétés la solution de leurs rapports avec l'Eglise et les conditions d'une paix qui est leur force, parce qu'elle est assise sur le droit de Dieu et sur la liberté de l'âme. Quel maître pour le jeune Vicaire général! Aussi discerna-t-il bien vite en lui les qualités des vrais serviteurs de l'Eglise ; il en fit le confident de ses pensées, le collaborateur de ses œuvres. N'est-ce pas une suave apparition de la vie de l'Eglise que cette amitié de l'Evêque et du jeune prêtre! Ames austères et tendres, cœurs purs et vaillants, qui redira vos confidences sacrées, vos entretiens intimes, vos échanges de hautes vues et de respectueuse intimité! Tous deux, quoique venus des pôles extrêmes de la France, n'ont qu'un cœur et qu'une âme, l'un, montant de la démocratie chrétienne, le front couronné du diadème pontifical; l'autre, gentilhomme paré de sa jeunesse, de sa beauté, de la candeur de son âme; tous deux unis dans les plus saintes passions qui puissent enflammer l'homme, l'amour de l'Eglise et l'amour de la patrie?

N'avais-je pas raison de dire que la Providence ménage à votre futur Archevêque les secours les plus féconds et les maîtres les plus sages. Quoique jeune d'années, il mûrit vite à cette école; vicaire général, il sait être l'instrument docile des œuvres qu'inspire l'autorité suprême. Il agit toujours sans se montrer jamais, portant à un haut degré ce tact, cette abnégation qui reporte sur son chef l'éclat du succès. Malgré la modestie dont il s'enveloppe, la cité et le diocèse d'Arras redisent son zèle, la rectitude de son esprit, l'aménité de son caractère; rien ne le rebute; du palais épiscopal, il passe dans l'Asile des orphelins; il se plaît parmi ces délaissés dont il est le catéchiste et le confesseur; hospices, communautés religieuses, œuvres de jeunesse, d'instruction et de charité deviennent son repos après les fatigues administratives. Il ne m'appartient pas de soulever le voile de cet apostolat; mais j'ai besoin de saluer cette maison bénie de la Providence qui fut son œuvre, qu'il avait plantée dans le sol d'Arras comme un grain de sénevé, apporté de cette terre meurtrie de Lorraine; sous sa direction, cette humble semence est devenue un grand arbre dont l'ombrage protége tant d'œuvres et dont les rameaux portent de nombreux oiseaux du ciel!

Après cinq ans d'intimité avec un des plus vaillants défenseurs de l'Eglise, le Vicaire général est appelé à Rome. Le Souverain-Pontife, ratifiant le choix du pouvoir, le fait asseoir dans ce cénacle de juges délégués des nations catholiques, dans cette cour d'appel qui est la plus haute prélature romaine et qui prépare d'ordinaire aux grands siéges et à la pourpre (1). Rome a l'intuition des temps et la clairvoyance des choses; là se perpétue cette lignée de théologiens, de jurisconsultes, de diplomates; là se forment les consulteurs qui savent unir à l'inflexibilité des principes les tempéraments nécessités par le flot mobile des événements. Nul ne voit les hommes de ces diverses Congrégations romaines sans rapporter plus d'amour pour la vérité, plus de force pour la défendre, plus

(1) En relevant les inscriptions du *Livre de présence*, où chacun des membres de la Rote, lors de sa promotion, est tenu de relater ses noms et qualités, on trouve les signatures de quarante-sept auditeurs français depuis le XIIIe siècle, sur ce nombre :

Ont renoncé ou donné leur démission	3	47
Sont morts en fonctions	9	
Ont rempli des charges romaines	2	
Sont devenus archevêques ou évêques	8	
Ont été créés cardinaux	25	

Les derniers siéges archiépiscopaux occupés par des auditeurs de Rote français, sont : Tours, Cambrai, Auch (2 fois par Mgr de Polignac en 1726 et Mgr Isoard en 1828, Bourges et Alger; et, actuellement, Mgr Isoard occupe le siége d'Annecy. — Mgr de Ségur qu'une infirmité précoce enlevait à Rome, en le frappant de cécité; cette épreuve pouvait enchaîner son zèle, mais elle a multiplié sa prodigieuse activité et inondé son âme des clartés surnaturelles.

de mansuétude pour la prêcher, parce qu'on a admiré un pouvoir qui gouverne par la science, la fermeté, la prudence. Votre Archevêque est donc prédestiné à parcourir toutes les grandes écoles ; il s'acheminera vers la Ville Éternelle avec le Père Guéranger, le restaurateur de la vie monastique en France et l'illustre champion des saintes causes. Alors, ces chars rapides que la vapeur emporte ne jetaient pas le voyageur comme à l'improviste aux pieds des Thermes de Dioclétien ; les véhicules, à la course plus tranquille, le conduisaient à travers ces plaines désertes et mélancoliques, des rivages de la Méditerranée aux collines qui avoisinent la Cité sainte. Pie IX, revenu de Gaëte, était le souverain plus aimé encore, il se mêlait souvent à son peuple, il se plaisait parfois à parcourir cette route de Civitâ. Soudain le conducteur des deux voyageurs français s'arrête et s'écrie : « Voici le Pape ! » Ils descendent de voiture et s'agenouillent ; le Pape s'approche et, reconnaissant l'abbé de Solesmes et le neveu du Cardinal d'Arras : « Oh ! » dit Pie IX, avec son fin sourire et cette exquise délicatesse de cœur, « je suis bien content ; je ne » puis pas dire que je venais au-devant de vous, le » Pape ne doit pas exagérer, mais je suis très-heureux » de vous avoir rencontrés. »

Le lendemain, toute la ville de Rome connaissait les détails de cette première audience sur le grand chemin ; le jeune auditeur de Rote y était accueilli sous de gracieux auspices ! Il y eut bien vite droit de cité.

Recherché dans cette société qui est un des derniers refuges de la distinction européenne, considéré par le Sacré-Collége, tendrement apprécié par Pie IX, il conquiert un grand crédit (1). La Rome de la foi, de l'histoire et des arts le passionne; sa science archéologique étonne les érudits comme la perspicacité de son esprit et la solidité de son jugement le mettent en relief dans cette Cour romaine si habituée au mérite (2).

Hospitalier à tous les pèlerins français, il se fait leur guide dans les Catacombes; il n'avait pas de meilleures joies que de faire jaillir de ces souterrains, où ont prié et où reposent nos martyrs, la lumineuse apologie de nos dogmes; l'apôtre d'Arras se retrouvait sous les insignes du prélat romain!

L'auditeur de Rote était né pour l'épiscopat; les chaires illustres l'enviaient, la voix du clergé le préconisait d'avance; lui seul s'ignorait toujours. Favorisé de l'intimité d'un saint Pontife, travaillant près de lui, vivant dans cette atmosphère de Rome, sur cette terre privilégiée, foyer des souvenirs du monde et des immortelles espérances, il se sentait en pleine lumière de l'esprit et en pleine force de l'âme. L'Église de France le réclama; Mgr Menjaud, votre Archevêque de douce et pieuse mémoire, l'avait remarqué depuis

(1) Son salon était le rendez-vous de cette pléiade de pieux, vaillants et charmants esprits français, Mgr de Mérode, Mgr Level, Mgr Bastide, Mgr Lacroix; le cardinal Pitra y apportait ses grandes lumières!

(2) Le savant archéologue, l'illustre chevalier de Rossi, avait en grande estime les connaissances de Mgr de La Tour d'Auvergne.

longtemps, il l'obtient pour coadjuteur. Le pieux et docte Cardinal de Villecour (1) le sacra dans l'église de Saint-Louis, dans ce sanctuaire romain et français. Qu'il parte du pied de cet autel, où l'Esprit-Saint l'a armé et orné de l'onction sainte, qu'il vienne à vous, cet élu de Pie IX ; comme saint Ursin, votre premier Pontife, Pierre vous l'envoie ; vos cœurs l'appellent et vos âmes l'attendent.

Ne vous apercevez-vous pas par quelle marche ascensionnelle, par quelle gradation rapide Dieu le mène à devenir le chef spirituel d'un peuple ? Ni la partialité, ni la faveur humaine n'ont de part *dans ces dignités qui le poursuivent et qu'il n'a jamais poursuivies* (2). La Providence l'a suscité, a veillé sur lui, l'a conduit pas à pas, elle l'a travaillé ; mais aussi il a été fidèle au plan divin, aux grâces de choix, aux leçons, aux intimités qui le guidaient et le formaient ; il aura bientôt sa place parmi les Pontifes bénis du Très-Haut, parmi les Evêques accomplis qui agissent selon l'esprit et le cœur de Dieu, et qui marchent tous les jours devant son Christ : *Suscitabo mihi sacerdotem fidelem, qui juxta cor meum et animam faciet* (3). N'êtes-vous pas frappé de ce beau frontispice de sa vie épiscopale ; si tel est le portique, quel sera le temple ?

(1) Il était assisté de Mgr Gianelli, le savant et habile nonce à Naples, maintenant membre éminent du Sacré-Collége, et de Mgr Spaccapietra, mort naguère archevêque de Smyrne.

(2) Non honorem prosecutus, sed ab honore quæsitus. (S. Greg. Nazi., Orat. XLIII *In laudem Bas.*, xxvii.)

(3) *I Rois*, xi, 35.

La France d'autrefois représentée par un cœur de mère, par la distinction d'une grande chrétienne, par la vaillance d'une femme forte; l'ancien clergé aux traditions de dignité, par un pieux Cardinal; la France religieuse des temps nouveaux personnifiée dans un intrépide athlète; Rome et l'immortel Pie IX : voilà les anges visibles, les conseils divins échelonnés sur le chemin de sa destinée! Je ne m'étonne donc pas que lorsque votre cité de Bourges l'aperçut pour la première fois, le sachant préparé par toutes ces tendresses et tous ces secours; elle l'accueillit avec enthousiasme; quand votre vieil Archevêque, au visage doux et vénérable, à la couronne de cheveux blancs, vous le présentait, tous vous étiez fiers et heureux de ce jeune coadjuteur; à sa vue un élan unanime, un cri général retentit comme à Milan : *Ambroise évêque, Ambroise évêque!* Désormais, entre vous et lui, *ce sera à la vie et à la mort* (1).

II

L'Auditeur de Rote avait subi l'épiscopat; il fut séduit par la seconde place, heureux de soutenir les bras fatigués et de consoler la vieillesse de votre Pontife. Il pouvait aspirer au premier rang sur d'autres siéges; mais, toujours modeste, il préférait protéger sa responsabilité et voiler ses succès sous le triomphe

(1) Ad commoriendum et ad convivendum. (S. PAUL., *II ad Cor.*, VII, 3.)

d'un chef aimé. Hélas ! la mort marche vite et vient tromper les calculs de son humilité : Mgr Menjaud est frappé ; voilà le troisième Pontife qu'il assiste dans le combat suprême de la vie. Il ne quitte pas le chevet du pieux agonisant, ne laissant à personne le soin de le servir et de le fortifier.

Dès qu'il eut reçu le *pallium*, il prend possession du siége de Bourges ; il a le sentiment de cette charge redoutable qui pèse sur ses jeunes épaules et qui vint le chercher, comme saint Charles Borromée et saint François de Sales, après peu d'années de sacerdoce. Etre évêque, c'est être l'anneau qui relie les âmes au corps mystique de Jésus-Christ ; c'est être le canal sacré qui verse la vérité et la grâce ; c'est être le centre de la vie surnaturelle d'un diocèse, le lien qui rattache au Siége de Pierre, au Vicaire infaillible du Sauveur, et par là à notre Seigneur Jésus-Christ et à Dieu. Etre évêque, c'est être le coopérateur de l'action divine dans la sanctification universelle ; c'est être la paternité féconde du Sacerdoce, c'est recevoir de Dieu un territoire et une Eglise pour y être les gardiens incorruptibles et les dispensateurs fidèles de la lumière révélatrice et du sang rédempteur.

Quel territoire et quelle Eglise lui furent échus en glorieux héritage ! Votre Berry, dont les plaines fertiles occupent le centre de votre pays, et dont l'histoire remonte aux âges reculés, est un des plus anciens champs de bataille de la Gaule ; c'est là que vivait un de ses premiers peuples, celui qui sut se défendre et fonder au loin, dans des émigrations successives, la grande cité de l'Aquitaine et Bituris en Espagne. Deux fois votre ville de Bourges arrêta à ses portes les armées étrangères (1). Sa population bienveillante, aimable, n'a ni les ardeurs méridionales ni la tenacité du Nord, elle est douce et accueillante; elle est bien nommée le cœur de la France (2).

Quelle Eglise que la vôtre! par ses fastes historiques, par ses priviléges, par cette généalogie spirituelle qui, pendant une longue suite de siècles, compte presque autant de Saints qu'elle a eu de pontifes (3), le siége de Bourges apparaissait à votre Evêque comme le plus noble pavois épiscopal. Votre Cathédrale qui, par les merveilles de son architecture, respire la plus grande expression religieuse, dont les pierres racontent vos souvenirs nationaux, semblait faite pour lui, tant sa dignité pontificale animait cette splendide enceinte.

Laissez-moi vous rappeler les premières paroles où il exprimait « ses frayeurs d'être porté à la tête de cette grande et illustre Eglise de Bourges, dont le passé est si glorieux, dont l'avenir est si riche d'espé-

(1) En 1356, les armées anglaises menacèrent Bourges et s'arrêtèrent à ses portes; en 1871, les Allemands n'y entrèrent pas non plus.

(2) On lisait encore en 1815, sur un pilier de la porte d'Auron, cette inscription :

Ingredere quisquis
Morum candorem
Affabilem
Et sinceram religionem amas,
Regredi nescies.

(3) *Histoire de l'Eglise gallicane*, par de Longueval.

rances, mais qui lui impose les formidables devoirs du présent ». « Priez, priez beaucoup, ajoutait-il, pour » le nouveau Pasteur que la Providence vous envoie » ... Sans doute, vous ne le connaissez pas encore, du » moins pour la plupart ; car, dans la première course » qu'il lui a été donné de faire au milieu de vos paisi- » bles et religieuses contrées, il n'a pu que traverser à » la hâte quelques portions choisies de cet immense » diocèse ; mais bientôt vous le connaîtrez, et il vous » connaîtra lui-même. Bientôt il ira vous trouver, visi- » ter toutes vos paroisses l'une après l'autre, les plus » petites et les plus pauvres, comme les plus riches et » les plus grandes ; il ira vous porter ses paroles, ses » conseils, ses encouragements, ses bénédictions ; il » s'informera lui-même de vos besoins, de vos désirs, » de vos vœux ; il tâchera de les satisfaire ; il se fera » *tout à tous*, n'épargnant ni les forces, ni le temps, » ni les fatigues, *se donnant et se donnant encore*, selon » l'exemple du grand Apôtre, *pour procurer le salut de* » *vos âmes* (1). »

Voilà son programme, il y sera fidèle.

Ce qui fait le grand Évêque, disait-il, c'est avant tout la grâce de Dieu, mais au-dessous de la grâce il y a les dons naturels.

« Si vous rencontrez ici-bas sur votre route un cœur fier mais sans orgueil, humble mais sans faiblesse, ardent mais sans passion, intrépide mais sans témérité ; un cœur qui bat pour tout ce qui est beau, noble,

(1) Lettre pastorale de prise de possession, 10 février 1862.

pur, grand, généreux ; un cœur qui ne sait pas dévier de la ligne droite, qui ne connait ni les défaillances de la foi, ni les transactions de la conscience ; un cœur qui lutte sans relâche pour le juste et le vrai, qui combat sans amertume, qui triomphe sans ostentation, qui tombe sans abattement, qui se relève sans retard ; un cœur, enfin, qui, ferme et inflexible dans les principes, se montre néanmoins, dans l'ordinaire de la vie, bon, indulgent et tendre, vous dites : c'est un grand cœur, c'est un cœur vaillant ! — même dans un ennemi, vous lui rendez justice ; dans un ami, vous l'admirez et vous l'aimez !

» Et si ce cœur vaillant bat dans une poitrine d'Évêque, associé à une belle intelligence et surtout à l'esprit de Dieu, vous faites plus qu'admirer et aimer... vous vous inclinez dans les émotions respectueuses de la foi et vous dites en bénissant Dieu : « Voilà un grand Évêque ! (1). »

Ne s'est-il pas peint lui-même dans ce portrait qu'il a tracé de son maître et ami ?

Il y a trois théâtres sur lesquels s'exerce l'activité d'un évêque : son âme, son diocèse et la sainte Eglise. Plus que tout chrétien et que tout prêtre, il doit réaliser le précepte de saint Paul : *Attende tibi et doctrinæ* (2). Tous discernaient bien vite en lui la gravité, la bonté touchante, l'exquise délicatesse, la bonne

(1) *Oraison funèbre de Mgr Parisis,* par Mgr de La Tour d'Auvergne.

(2) S. Paul, *Ire à Timothée,* IV, 16.

grâce unie à la distinction. Prudent et ouvert, perspicace et indulgent, sympathique et réservé, sincère et constant dans l'affection, il offrait dans une admirable harmonie les qualités du gentilhomme et les vertus du prêtre ; il possédait en son âme une patience inaltérable et une calme sérénité sous le faix des épreuves et dans les joies les plus vives. Les passions n'avaient jamais troublé son âme. « La pudeur était née avec lui, dès ses plus tendres années, il avait fait un sacrifice de son corps et de son âme à Dieu (1). »

Le regard de l'affection a pu surprendre, à travers les voiles de sa discrétion, une vie austère sous l'éclat extérieur. Si sa demeure épiscopale présentait les signes de la grandeur et les charmes de l'hospitalité, il avait su, comme Ximénès et comme saint Charles, se réserver la cellule de la vie recueillie et immolée. Levé bien longtemps avant l'aurore, prolongeant ses veilles très-avant dans la nuit, sévère pour lui-même, fidèle à l'oraison, au rosaire qu'il récitait chaque jour tout entier, gardant les habitudes du séminariste, et donnant à l'Eucharistie et à la Très-Sainte Vierge la fidélité de ses hommages et de ses dévotions qu'il tenait surtout des fils de M. Olier; l'archevêque, comme le vicaire général et le prélat romain, ne se départit jamais de cette régularité presque claustrale. La vie religieuse l'avait attiré ; Mgr Parisis a révélé à une âme confidente de ses pensées qu'il eut à lutter contre ses aspirations vers le cloître : « J'ai à combattre un désir

(1) Bossuet, *Oraisons funèbres*, Nicolas Cornet.

de notre cher jeune Vicaire général, c'est celui de se faire religieux, il en a tous les sentiments, mais ce serait une trop grande perte pour l'Église, car il doit être un grand et saint Évêque, aussi je tiendrai ferme, il est si soumis, du reste !... Je l'étudie, et je ne vois pas ce que l'on pourrait reprendre en lui, c'est un bien jeune Prêtre, et il a la maturité d'un homme de 50 ans... »

Dieu, qui vous le réservait, lui fit vaincre ces généreuses tentations de vie cachée ; mais il en conserva toujours les grâces et les forces. Le palais de Bourges aura son oratoire et sa bibliothèque monastiques. Il savait, comme saint Grégoire, *que le sommet de la puissance n'est qu'une tempête de l'esprit* (1) ; il connaissait, avec saint François de Sales, les saintes pratiques de la piété qui repose l'âme *tempêtée par les affaires !*

Malgré son élévation précoce, il n'avait à redouter parmi vous aucun échec pour sa dignité et pour sa houlette ; aussi, un vénérable archiprêtre (2) le recevant sur le seuil de son église, était l'écho de tout le diocèse quand il lui adressait cette parole : « Nous respectons en vous l'Autorité embellie de toutes les grâces de la jeunesse. » La foule immense applaudit à cet accent ; on ne savait qu'admirer le plus de la foi de ce Siméon ou de la modestie du jeune Prélat qui,

(1) Quid est potestas culminis, nisi tempestas mentis. (S. Greg., *Past.*)

(2) M. Molat, curé de Saint-André de Châteauroux.

selon les désirs de saint Hilaire, *paraissait un prince parfait de l'Eglise possédant dans leur perfection les plus grandes vertus* (1).

Sous son action puissante et calme, votre vaste diocèse s'anime ; la foi s'affermit et se développe, les œuvres germent et fleurissent, la discipline et le culte prennent de la vigueur et de l'éclat. Administrateur intelligent, au coup d'œil ferme et simple, au tact clairvoyant des personnes et des choses, il n'est ni insouciant, ni débordé ; ni inattentif, ni accablé dans le maniement des affaires. On a dit de Louis XIV qu'il savait écouter. Votre Archevêque, dégagé de lui-même, se prêtait à toutes les fatigues et supportait de fastidieuses importunités. Les visites pastorales furent l'arène de son dévouement ; il y use ses forces avec une sainte imprévoyance et une magnanime prodigalité ; ce sont des courses évangéliques, c'est une permanente mission ; les populations de vos campagnes se trouvaient fascinées par l'ascendant du Pontife, et se sentaient attendries au contact de cette affabilité qui savait condescendre sans s'abaisser. Il les subjuguait par cette grave et charmante bonté, par sa conversation (2), par les bénédictions que tous sollicitaient, de l'enfant au vieillard. Rien n'échappe à sa vigi-

(1) Perfectum Ecclesiae principem, perfectis maximarum virtutum bonis. (*De Trinit.*, lib. VIII, 1. — Edit. Migne, col. 236.)

(2) Mgr de La Tour d'Auvergne était au courant de toutes les sciences ; à Saint-Sulpice, M. Le Hir le regardait comme l'élève le meilleur hébraïsant. — A Vierzon, dans un grand atelier qu'il visitait, il étonna le maître par son intelligence des constructions de machines.

lance; catéchismes, comptes de fabriques, presbytères, et surtout la maison de Dieu : tout est l'objet de ses constantes sollicitudes. On l'a écrit justement : « Ce que les Evèques français ont fait depuis un demi-siècle dans l'exercice des visites pastorales, ce qu'ils ont créé, relevé, consolidé, l'équitable histoire le constatera un jour. Si l'on a pu dire qu'à l'origine, les Evèques ont fait la France comme les abeilles bâtissent une ruche, il demeurera pareillement acquis que, la ruche ayant été bouleversée et ravagée, personne n'a mis plus de zèle, plus d'activité, plus d'abnégation, plus de persévérance et d'esprit de suite, que les Evèques à en reconstruire l'édifice et à en regarnir les rayons (1). »

Il aimait à multiplier les manifestations du culte public, à relever les sanctuaires démolis, à ressusciter la mémoire de vos Saints du Berry; jamais il n'apparaissait, la mître d'or sur la tête et le sceptre pastoral dans les mains, sans susciter l'enthousiasme de ses diocésains aimés. Ne croyez pas qu'il se borne à ces rouages administratifs, qui pourtant sont les artères de la discipline; ne croyez pas qu'il s'arrête aux pompes de la liturgie, dont il est le vigilant gardien. Son zèle va plus loin et plus haut; ces formes extérieures sont l'échelle de Jacob par où doivent monter les âmes et descendre les grâces divines. Pénétré de la conviction profonde que de l'Hostie cachée du Tabernacle rayonne toute la puissante sève catholique, il institue cette Adoration perpétuelle, cet *hosanna* sans

(1) S. E. le Cardinal Pie, évèque de Poitiers, tome IV, p. 127.

interruption qui proclame la présence de Dieu parmi les hommes. Saintement jaloux de la gloire de Jésus-Christ, il réclamait pour son Dieu la splendeur de ses sanctuaires ; c'est surtout dans votre primatiale du Berry, qu'il se plaisait à déployer toutes les magnificences du culte, le chant de saint Grégoire, les cérémonies sacrées au milieu desquelles sa présence donnait comme de l'éclat au saint autel et une âme vivante à la majesté de son temple (1).

Bourges était son *siége*, sa *chaire*, son *église Cathédrale*; mais son action atteindra les plus humbles régions de son territoire.

Sur tous les points de son diocèse, des œuvres d'éducation et de charité, des tabernacles relevés, des autels rajeunis et des églises consacrées rediront la féconde initiative de votre Archevêque. Sa chère cité de Châteauroux aura une grande part de ses prédilections ; le monument de Saint-André et l'église naissante de Notre-Dame chanteront ses inépuisables générosités et les dévouements que son cœur fait naître.

Mais comment me taire sur l'œuvre providentielle de son épiscopat, *Notre-Dame du Sacré-Cœur* ? N'a-t-il pas été son apôtre, n'a-t-il pas appelé les pontifes et les prêtres pour la couronner au nom de Pie IX, n'a-t-il pas créé les courants d'un pèlerinage ininterrompu, n'a-t-il pas inspiré le sanctuaire d'Issoudun, gracieux tabernacle de la foi et de l'art chrétien, n'a-t-il

(1) In ascensu altaris sancti, gloriam dedit sanctitatis amictum. (*Eccl.* L., 12.)

pas créé cette famille de prêtres qui forment une couronne plus belle encore à Notre-Dame-du-Sacré-Cœur? Notre époque, si facile aux défaillances, si entraînée aux découragements, appelait cette œuvre consolatrice. Il se fait tard dans les âmes et dans les peuples; les consciences en détresse, les nations en souffrance ont besoin de jeter un cri de foi et de confiance vers la Mère du Sauveur et de l'invoquer plus que jamais sous le titre clément et doux d'*Avocate des causes désespérées*.

Il vénère et protége toutes les milices du zèle, les infatigables auxiliaires du ministère pastoral; les hommes de la prière et de la solitude à Fontgombault, les ouvriers de la vie apostolique, les maîtres de la jeunesse. Il comprenait leur place dans l'Eglise et leur nécessité actuelle; notre époque tourmentée réclame plus que jamais la perfection évangélique et les semeurs de l'Evangile. Les vierges vouées à tous les services de la douleur, de la pauvreté et de l'enfance, les généreuses éducatrices des écoles chrétiennes, toutes ces modestes et vaillantes servantes avaient en lui le guide qui éclaire, le père qui soutient et l'évêque qui dirige. Quel monastère ne fut pas l'objet de sa tendresse pastorale? A ses yeux, comme à ceux de saint Alphonse de Liguori, une seule épouse du Christ montant dans les régions surnaturelles de la piété et du sacrifice, est une grâce pour un diocèse et une bénédiction pour un peuple!

Sa famille cléricale, ses prêtres sont ses privilégiés;

il inspire des vocations et reporte sur ses petits séminaires, sur la grande œuvre du cardinal Dupont, ses plus ardentes sollicitudes. Il sait tout ce qu'exige de qualités maîtresses, de science sérieuse, de vertus solides le sacerdoce appelé à sauver les âmes dans nos temps tumultueux. C'est là, par excellence, qu'il apparaît le Pasteur accompli. Les synodes diocésains, les retraites annuelles, toutes ces assemblées ecclésiastiques sont des témoignages de son gouvernement habile ; sa parole y avait l'empreinte de la science sacrée et du pouvoir le plus doux ; aussi a-t-il laissé dans la page suprême de son testament cette affirmation que nul ne démentira, que tous ses prêtres furent autant ses collaborateurs que ses amis. Ferme sur la discipline canonique, il en appliquait les règles avec un sage tempérament également éloigné de la dureté et de la mollesse. C'est bien à lui qu'on peut appliquer l'éloge de saint Grégoire à saint Basile : « Qu'il gagnait » en autorité ce qu'il donnait en bienveillance (1). »

On ne songe pas assez à ce prodige de la perpétuité du sacerdoce ; aucun siècle n'a fait défaut à l'appel de Dieu, au service des âmes. Le nôtre, malgré ses déchéances, a vu se multiplier les phalanges et les cadres de l'apostolat. Pourtant quelle place font nos sociétés modernes à ce travailleur de la civilisation européenne ? Souvent l'hostilité savante le poursuit, le mépris ou l'indifférence populaire l'abandonne aux

(1) Pro benevolentia quam offerebat, auctoritatem recipiebat. (S. Greg. Naz., xliii, 33.)

douleurs de l'isolement au milieu de ses frères. Victime de préventions injustes, dépouillé de tout, même du prestige légitime que la foi lui donnait jadis, il n'a plus d'autre abri et d'autre appui que le Cœur du Christ, sa force et sa vie, et le cœur de son Evêque qui le garde contre les haines du dehors et les défaillances du dedans. Heureux le clergé dont le Pontife goûte tous les devoirs et toutes les douceurs de cette paternité spirituelle; heureux les prêtres qui se reposent en sécurité sur ce cœur de *Mère* (1). Votre Archevêque y fut fidèle; ses tendresses, comme sa science, lui ont inspiré un acte de sainte hardiesse et de vigoureuse initiative. Sans s'émouvoir des commotions publiques, au lendemain des désastres, il convoque au Puy les évêques de sa province, y organise ce Concile qui sera son immortel honneur. Les vieillards du sanctuaire et les pontifes s'étonnent de son érudition et de son sens pratique. Deux décrets surtout révèlent sa pénétration; plusieurs n'y virent que de périlleuses concessions au souffle de l'indépendance moderne; mais l'avenir dira ce que ces reprises pacifiques et réglées des prescriptions canoniques imprimeront d'impulsion féconde aux études sacerdotales et de nerf à la vigueur disciplinaire de l'Eglise (2).

(1) Fénélon nomme l'Evêque *une Mère*. (*Discours pour le sacre de l'Electeur de Cologne*.)

(2) M. E. Ollivier, dans son courageux et parfois discutable ouvrage sur l'*Eglise et l'Etat au Concile du Vatican*, s'exprime ainsi sur le Concile du Puy : « Le cardinal Caterini approuva chaleureusement ce retour aux salutaires prescriptions du droit canonique ; Mgr de La

Sans doute, l'admirable clergé français fermera toujours l'oreille aux tentateurs ; jamais, à aucun prix, il n'échangera l'autorité tutélaire de la houlette pastorale contre la protection intéressée d'une puissance qui saurait l'exploiter ou d'un suffrage populaire qui pourrait l'avilir. Quoi qu'il en soit, le Concile du Puy suit l'inspiration de son Chef; la résurrection des concours et des officialités témoigne des sollicitudes de votre Archevêque pour les droits et l'honneur du prêtre. N'est-il pas plus soucieux encore de sa sainteté ? A l'exemple de saint Charles, il ne cesse de redire « que de ces grands et nobles ouvriers de Dieu dépendent la vie des âmes et la paix des peuples. La plénitude des forces divines en eux fait germer les saints, tandis que les consciences sacerdotales appauvries menacent les nations de famine spirituelle.» « Que Dieu, s'écrie saint Charles, dans un synode de Milan, ce Dieu très-grand et très-bon, enflamme nos cœurs et que cette flamme se communique à tous (1). »

Tour d'Auvergne promulgua les décrets en termes d'une touchante élévation. « L'évêque, dit-il, ne peut que gagner dans le respect et l'affection des prêtres en montrant plus souvent sa paternité que sa justice. Seuls ou presque seuls, que pouvons-nous ? Rien ou presque rien, il nous faut le concours de nos prêtres. » — Voir tome II, dernier chapitre.

(1) O magna et inclyta Dei instrumenta sacerdotes, à quibus omnis populorum pendet beatitudo : qui si pingues sint, erunt itidem populi pingues; et secùs, si illi inanes erunt et vacui, magnum populis universis imminebit paupertatis hujus periculum ! Faxit Deus Optimus Maximus, ut ità calore repleamur, ut ceteris etiam calefaciendis et succendendis apti reddamur; ità abundet in nobis ejus sanctissima gratia, ut et nos ea repleamur, ceteris etiam de ea copiosè communicemus ! (Sermo S. Caroli in Synodo 1584.)

Ne sont-ce pas les mêmes accents que votre Charles adresse à ses prêtres? entendez-la cette voix sûre et aimée :

« C'est à vous qu'il appartient, Messieurs et chers Collaborateurs, de faire pénétrer dans le cœur des fidèles ces principes de la vie chrétienne et surnaturelle. Mais ces importantes vérités n'auront accès dans les âmes, qu'autant qu'elles trouveront, comme préparation, une foi robuste et vaillante. *La sainteté et la foi ne sauraient vivre séparées*. Aussi, ne vous lassez pas de prêcher les saines doctrines. De nos jours surtout, où la foi des faibles subit de si terribles assauts, il importe plus que jamais que l'enseignement dogmatique soit puissant et soutenu. Exposez la vérité avec calme et clarté. Revenez souvent sur les grandes définitions du Concile du Vatican, sur les enseignements si lumineux, si complets, si nets du Siége apostolique. Ne craignez pas de dégager la foi de tous les compromis, de tous les amoindrissements que l'illusion ou l'esprit du siècle ont trop facilement adoptés ; la foi est *une*, comme le baptême est un, comme le Seigneur est un ! Elle n'admet ni retranchement, ni altération, ni adoucissement. Elle doit demeurer dans son intégrité, sous peine de ne plus être la foi catholique. Et quand cette foi catholique, qui est la même pour tous, qui ne change pas, qui ne varie pas, dont le Vicaire de Jésus-Christ est le suprême et infaillible gardien, sera par vos soins profondément implantée dans le cœur des fidèles, l'œuvre de la sanctification des âmes sera déjà grandement avancée : vous aurez jeté les fondements, vous aurez posé les colonnes. Les assises s'élèveront successivement et le couronnement viendra bientôt ! Et le couronnement, ici comme en toutes choses, sera toujours le Christ : *Omnia in omnibus Christus !* (1) »

Le voilà bien dans la force de son caractère épiscopal ; certes, s'il fut doux, conciliant, cherchant avec tous le trait d'union qui rapproche, si sa bonté indulgente ne fut un mystère pour personne, si jamais, selon la charmante expression de saint François de Sales, *il n'a blessé la première peau d'un seul cœur*, ce ne fut pas une banale et fléchissante bénignité ; il ne connut pas l'art des habiles condescendances et des atténuations de la doctrine. Evêque accompli, fidèle aux promesses de son sacre, il ne déguisera ni ne trahira jamais la vérité catholique ; les éloges et les menaces le trouvèrent inflexible (2) ; volontiers, il répéterait le noble cri de saint Hilaire : « Soyons exilés, pourvu que la vérité soit prêchée dans son intégrale pureté. » *Exulemus semper, dummodo incipiat verum prædicari* (3). Ce n'est pas en diminuant la vérité qu'on la sert ; elle n'a sa beauté et son influence qu'autant qu'elle apparaît dans sa plénitude ; l'homme d'église qui l'affaiblit peut être acclamé par le siècle dont il

(1) Lettre pastorale, Concile du Puy, 1876.

(2) Veritatem diligit, neque eam unquam deserat aut laudibus aut timore superatus. (Paroles du Sacre, Pontif. romain.)

(3) Lib. *de Synodo*, n° 78. (MIGNE, X, 531.)

flatte les tendances, il ne sera jamais le docteur qui guérit ses blessures et qui relève ses ruines. Votre Archevêque, s'il n'eut pas la persécution à affronter, eut à éviter un écueil plus perfide peut-être : la séduction du pouvoir et les mirages d'un apostolat plus grand. Pie IX, j'ose le dire, avait sur lui des vues que Léon XIII gardait dans son âme ; la pourpre romaine semblait, à leurs yeux, le légitime couronnement de cette vie ; aussi le Chef de l'Eglise, en 1869, le voulait à l'ombre du sanctuaire de Fourvières ; sur ce vieux sol des martyrs d'où rayonne l'œuvre apostolique de la Propagation de la Foi, la houlette de saint Pothin pouvait être remise entre ses mains !

Oserais-je, malgré la pompe de cette solennité funèbre, soulever le voile de souvenirs intimes ? Le pieux cardinal de Bonald, de sainte et suave mémoire, inquiet de l'avenir, prévoyant les orages, cherchait qui devait s'asseoir après lui sur son trône épiscopal. Il jette un regard d'envie sur l'Eglise de Bourges et tente de vous ravir votre Archevêque. Je fus le témoin et le confident ému des luttes magnanimes entre un éminent cardinal qui offre sa grande succession et un ministre de France qui refuse pour son frère ce glorieux héritage (1). Plus tard encore, en 1870, il eût été aisé à votre Pontife de se laisser porter sur ces sommets plus élevés de la hiérarchie. Pie IX, dans ses faciles expan-

(1) Ceci se passait au mois d'octobre 1869. Le prince de La Tour d'Auvergne était ministre des affaires étrangères, et M. Armand, chef de son cabinet.

sions, laissait entrevoir ses désirs de prendre à Bourges ou à Poitiers un guide pour l'Eglise de la Rome des Gaules.

Dans ce but, le pouvoir civil ne réclamait de Mgr de La Tour d'Auvergne qu'un prudent silence, et bientôt la couronne de saint Irénée serait sur sa tête. Son attachement invincible à son épouse de Bourges aurait suffi pour le retenir près de vous, mais sa fermeté doctrinale n'accepta jamais aucune capitulation. La Providence, qui dispose des hommes, avait d'autres solutions. Dieu appelait à l'heure des désastres de la France, sur le siége de Lyon, un habile et docte théologien, et après lui ce Pontife à l'âme épiscopale, au cœur paternel, au caractère ferme, loyal; qu'il soit longtemps encore le chef vénéré de cette grande Eglise! L'illustre continuateur de saint Hilaire devait porter la pourpre sur le théâtre de ses luttes si fécondes, et vous, vous deviez garder sous les pierres de votre Cathédrale les dépouilles de celui qui vous aimait; entre vous et lui, c'était à la vie et à la mort. Rome comme Bourges sera témoin de sa fidélité!

Votre Evêque, si fidèle à la saine doctrine, si dévoué à la prêcher, avait bien la flamme des grands Evêques: l'amour passionné de la sainte Eglise. Ses discours, ses écrits et ses actes en respirent le souffle le plus ardent. Les douleurs de cette mère sont ses douleurs, ses triomphes sont ses triomphes; sans rechercher un bruyant éclat, mais sans peur, il fût toujours l'intrépide défenseur de ses droits et de sa liberté; son cœur et sa demeure sont le ferme et doux abri de tous ceux qui l'aiment, la servent et la défendent sur le terrain du droit et dans l'arène difficile de la publicité. Il sera toujours, comme Mgr Parisis, l'ami sûr des vaillants *qui militent pour Dieu* (1). Sept fois, il fait le pélerinage de Rome et toujours, depuis la spoliation qui retient dans la captivité et dans l'indigence le Vicaire de Jésus-Christ, le Chef auguste de nos âmes, il porte au Vatican, avec ses filials hommages, vos généreuses offrandes. Quoique déjà blessé dans ses forces, il accourt aux pieds de Léon XIII aux premiers mois de son Pontificat; il revient, l'âme attendrie, le cœur ému : il a vu Pierre dans son Successeur destiné à sauver du naufrage les peuples menacés et les pouvoirs en péril (2).

Il sait que le Pape et l'Eglise c'est tout un, et quand il s'agit du Souverain Pontife, il ne s'agit de rien

(1) Maximè autem ad domesticos fidei. (*Ad Galatas*, VI, 10.)

(2) Mgr de La Tour d'Auvergne avait l'habitude de tracer son journal quotidien, et il a écrit ces paroles sur sa visite à Léon XIII :

« Jeudi, 2 janvier 1879.

» J'ai donc vu hier le Saint-Père. Il m'a reçu avec une extrême bienveillance. Il y a en lui une grande bonté unie à une grande dignité. Il écoute avec attention, il s'intéresse aux moindres détails. Son regard est vif et ferme; on sent qu'il a de la volonté. Du reste, ses actes montrent déjà qu'il veut l'ordre, et que les abus trouvent en lui un adversaire résolu et inflexible. Je lui ai remis, avec notre denier de Saint-Pierre, les adresses du Chapitre, des Séminaires, deux volumes de mes Mandements et ma Relation. Notre conversation sur la France, qu'il aime beaucoup, sur l'Episcopat français, sur mon diocèse, sur le clergé, sur les études ecclésiastiques, s'est prolongée pendant près d'une heure. Je dois avoir l'honneur de le revoir plusieurs fois encore; sa bienveillance m'a comblé ! »

moins que du christianisme (1). Aussi de sa première lettre pastorale à sa dernière, il répètera sa profession de foi qui fut comme le battement du cœur de sa vie épiscopale :

« O Père de la grande famille chrétienne, Prince » des pasteurs, vous dont la bouche parle, et tous » s'inclinent ; dont la main bénit, et tous se prosternent ; vous qui portez au front la triple couronne de » la souveraineté, de la sainteté et du malheur, nous » avons entendu et compris votre voix. Elle a retenti » jusqu'aux profondeurs de notre âme : elle a remué » les fibres les plus intimes de notre être.... Vos conseils seront la règle de notre conduite. Heureux si » nous pouvons, par notre dévouement sans bornes à » la cause de l'Eglise, qui est la vôtre, apporter à » votre cœur, parfois si douloureusement affligé, » quelque soulagement (2). »

Vous le comprenez, votre Evêque a donc bien réalisé le précepte de saint Hilaire : il faut que la vie épiscopale soit ornée par la doctrine et la doctrine par la vie (3).

Cette fidélité resplendira plus encore dans les mémorables assemblées du Vatican.

Notre siècle n'a pas encore compris quel fut l'éner-

(2) Paroles de saint François de Sales, *Lettre spirituelle XLIX*e, et de Bellarmin écrivant : « Cum agitur de primatu Pontificis, agitur de summâ rei christianæ. »

(3) Lettre pastorale, février 1862.

(4) Ut doctrina ejus ornetur docendo et doctrina vivendo. (S. Hilar., *De Trinit.*, lib. VIII.)

gique et hardi coup d'Etat de Pie IX, quand, à la veille des tempêtes qui menaçaient l'Europe, sur le sol agité de l'Italie, dans cette Rome convoitée par la Révolution, il convoqua les évêques du monde et les appela à délibérer sur les traditions de la foi et les intérêts de l'humanité. L'Eglise, habituée depuis des siècles à toutes les tempêtes sociales, vit renaître les jours de Nicée, d'Ephèse et de Trente; oui, c'était humainement audacieux de réunir les hommes des races les plus diverses, venus des régions aux formes politiques les plus dissemblables, d'ouvrir de graves débats en face des inévitables erreurs de la publicité la plus retentissante, sous les regards des Césars jaloux et des démocraties ombrageuses. De Maistre, ce génie au regard d'aigle, qui a entrevu nos désastres et prophétisé nos espérances; ce philosophe qu'on ne relit jamais trop, ne pouvait accepter la possibilité de rouvrir encore ces grandes assises de la chrétienté. Pie IX le fit avec la placide sérénité d'un vieux pilote qui connaît les orages et les nuits sombres, mais qui croit au soleil et au calme du lendemain !

Dans ce cénacle des peuples modernes, dans ce rendez-vous de toutes les langues, près du tombeau de saint Pierre, il y avait la communauté de la foi et de la prière. L'immortel Credo jaillissait à l'unisson de toutes les lèvres et cependant les discussions furent vives et ardentes. Des évêques de savoir et de vertus s'alarmaient des faiblesses intellectuelles de notre siècle ; ils redoutaient pour les âmes et pour les pouvoirs un fardeau doctrinal trop lourd, comme pour des yeux malades une lumière trop vive. Les autres, partageant ces tendresses inquiètes de l'apostolat, avaient plus de souci de la grande meurtrie des temps actuels : la Vérité. D'ailleurs, du fond de leur tombe, les opposants aux bulles pontificales, Pascal, Arnaud, ces esprits tourmentés, en avaient appelé au futur Concile; ils sollicitaient la lumière sur les bases fondamentales de l'Eglise. De plus, il était facile d'apercevoir à l'horizon les signes précurseurs de prochaines catastrophes. L'Eglise ne pouvait laisser le monde incertain ; elle devait répondre aux discordes religieuses des siècles passés, aux dissensions de l'heure présente, aux menaces de l'avenir, par des clartés libératrices. Votre Evêque n'eut aucune hésitation ; ni les pressions illégitimes des puissances de ce monde, ni la crainte de l'impopularité, n'arrêtèrent à la chaire du Concile sa parole autorisée et influente, pas plus qu'au grand jour de la promulgation elles ne retinrent son *placet* solennel.

Ce n'était pas chez votre Evêque un enthousiasme irréfléchi. Il avait étudié les textes sacrés, parcouru les archives de l'histoire, remonté la chaine des âges dans ses témoignages successifs, et c'est parce qu'il avait constaté comme docteur la révélation de Jésus-Christ et les affirmations unanimes et ininterrompues de l'Eglise, qu'il prononça en juge convaincu et éclairé.

Lors même que ce dogme protecteur de l'unité catholique et de la vraie liberté des âmes n'eût pas été la croyance de sa vie, il devait le proclamer comme témoin de la foi de son Eglise. Vos pères ont toujours cru, vos Evêques enseignaient cette doctrine. Au IXe siècle, saint Raoul, votre quarante-et-unième Archevêque, presque un contemporain de votre sainte Solange, est félicité par le Pape Nicolas Ier de son union étroite à la foi, à la doctrine et aux décrets du Siége apostolique; votre Synode provincial de Clermont fait écho à cette voix du passé (1). Quand l'impartiale histoire racontera les événements de notre époque, que cette poussière qui voile les grands horizons aura disparu sous le souffle du temps, le Concile apparaîtra comme l'arc-en-ciel sur des ruines, comme l'arche protectrice sauvant d'un déluge qui les menaçait, la foi du Saint Evangile, la raison humaine et la vie des peuples. Votre Eglise de Bourges y aura son nom glorieusement inscrit par la main fidèle de votre Evêque !

Hélas ! ses travaux scientifiques sur le Concile furent dévorés par les flammes qui mirent son palais en ruines ; il ne se décourage pas. Il recueille des pages à demi brûlées et il recommence son labeur

(1) *Tuam à multis retro temporibus ergà Sedem apostolicam agnitam devotionem plurimum collaudamus,... Si in apostolicæ Sedis petra,* MORE MAJORUM, *præsidium tuum locaveris, ejusque fidei, doctrinæ vel decretis arctius inhærere contenderis.* D'autre part, nous lisons dans les décrets du Concile de Clermont, cette profession de foi des Pères : QUÆCUMQUE CREDENDA, *quæcumque servanda decernit Summus Pontifex, hæc credenda et servanda amplectimur ; quæ damnat et respuenda judicat, hæc damnamus et respuimus.* »

de bénédictin; il refait ce monument de la tradition catholique sur l'infaillibilité pontificale. C'est là qu'il salue le jour de la résurrection. « Il espère que l'Eglise et la France se relèveront du même coup l'une par l'autre, et que tandis que la papauté reprendra son sceptre séculaire et pacifique, la Fille aînée de l'Eglise retrouvera ses jours antiques de prospérité et de gloire (1). »

La France qu'il vient de nommer, oh ! il l'aimait ; y eut-il jamais âme plus française que la sienne ? N'avait-il pas un nom qui rappelle la vie et la mort au champ d'honneur pour votre pays ? Comme le chantre éblouissant du Verbe incarné, l'évêque de Tulle, dont il présida les noces d'or de sa prêtrise, il proclame que « la France est le peuple du Christ, la nation construite de la main de Dieu, armée de la primogéniture divine, tout imprégnée des sucs catholiques, la race forte et fidèle qui a mis la main à tous les labeurs illustres (2). »

Ce qui attriste son patriotisme, sans le décourager, c'est que cette nation si nécessaire à la paix du monde se soit détournée de ses voies, ait oublié les sillons de son histoire et les voies de sa prospérité. La France n'est pas l'œuvre des sceptiques ni des amollis ; elle vit de principes chrétiens qui sont sa vigueur, de sacrifices qui l'élèvent, de solennités religieuses qui gar-

(1) Préface de la *Tradition catholique*. Avant-propos, p. VII. (Bourges, C. Tripault, éditeur).

(2) Lettres pastorales de Mgr Berteaud, évêque de Tulle. (Passion.)

dent l'union sociale de ses fils. Lorsque devant Pie IX, recevant les délégués et les offrandes de toutes les nations catholiques, votre Archevêque, en votre nom, lui apportait dans un chef-d'œuvre artistique de dessin et de ciselure les pages du *Syllabus*, et qu'il lui disait : « C'est le Berry, c'est le cœur de la France qui vous le présente », ce n'était pas une vaine parade, c'était l'affirmation courageuse qu'un pays qui est né, après une victoire, dans un baptistère chrétien, doit renouer son antique alliance avec Jésus-Christ, Sauveur des âmes et Libérateur des peuples. Lorsque sur les places de Bourges en fête, devant d'innombrables foules enthousiastes, il se présentait avec les pompes liturgiques et la majesté du Pontife, qu'appelé par les édiles de la cité, il bénissait ses eaux jaillissantes, il vous rappelait votre gloire nationale : « *Il fallut plusieurs mois aux légions romaines, et elles étaient commandées par César, pour triompher de la résistance des assiégés.... Ah! c'est que nos pères combattaient pour l'indépendance nationale! et s'ils n'eurent pas alors la gloire de vaincre, ils eurent du moins celle de mourir de la mort des braves; car de quarante mille combattants, huit cent seulement échappèrent à l'épée acharnée et sanglante des Romains!....* »

« *Alors que nos rois, trahis jusqu'au sein de leur capitale et dans leur famille, reculaient devant l'étranger, c'est ici, dans nos murs, à quelques pas de nous, qu'ils trouvaient un asile suprême.... Une seconde fois, Bourges devenait le boulevard de l'indépendance nationale, et, vraiment, nous ne savons si, après Jeanne d'Arc, ce n'est pas à Bourges que la France doit l'honneur d'être restée française* (1). »

Vos battements de mains répondirent à l'accent patriotique du Pontife, et vos applaudissements proclamaient que votre Archevêque avait bien l'âme française.

Comme il aimait votre Berry ! Il en rappelait les célébrités avec une fierté de famille : Jacques Cœur, Cujas, Labbe, Bourdaloue, et votre patronne, sainte Solange, douce figure, belle de pureté et empourprée du sang des martyrs, petite bergère, brillante de l'auréole des saints. Comme il a chanté sa gloire dans une fête : joies fortifiantes du peuple, processions triomphales, cathédrale en allégresse, demeure épiscopale rendez-vous de toute la cité heureuse ; n'est-ce pas là le plus sûr bouclier contre les convoitises malsaines, contre les déclassements ambitieux, contre les fatales divisions qui dévastent les plus grands peuples !

La maladie l'atteint à la vigueur de l'âge ; il sent en lui la source de la vie s'appauvrir, mais il est toujours plus prodigue de ses forces qui déclinent. Un voyage pénible pour la chère Université catholique de Paris, cette œuvre capitale et hardie de l'Episcopat ; des cérémonies sans repos, des fatigues sans trêve dévoreront ses derniers mois. On le presse de faire une courte halte dans cette chère maison de Touvent, auprès de ces grands arbres, à côté de cette chapelle, joyau de l'art et reliquaire de tombes aimées ; mais il

(1) Discours à la bénédiction du Château-d'Eau, à Bourges.

répond comme son modèle saint Charles « que, si » quelquefois nous exposons notre vie et notre santé » pour le bien de l'Eglise, pour laquelle Jésus-Christ » notre Maître n'a pas refusé de souffrir même la » mort, nous devons croire que c'est un grand avan- » tage pour nous. Il n'appartient qu'à un homme » lâche, et non pas à un Evêque, de craindre de faire » son devoir de peur de mourir ou d'être malade » (1).

Oui, il fera son devoir, et sur quel champ de bataille ! Il préside la retraite de son clergé, il prépare les éléments d'un Synode, il est le premier aux pieux exercices ; il parle à ses prêtres des règles de prudence, de fermeté, de sainteté obligatoire, dominant toujours de violentes crises. Rien ne l'arrête ; au moment où il va résumer les travaux, ses forces fléchissent, il s'arrête, s'agenouille et s'écrie : *Sub tuum præsidium !..* ô Mère du Sauveur, nous allons à vous !... Les douleurs se multiplient et se prolongent. Un jour encore, la mort s'approche. Un Evêque ami (2) est là avec les prêtres ses fidèles auxiliaires, avec ses serviteurs dévoués ; le mourant domine leurs douleurs et leurs larmes, il leur dit : « Exhortez-moi ». Il regarde avec foi l'image de Jésus-Christ qu'il a bien aimé ; il invoque son adorable Sauveur, il lui demande pardon ! le chapelet dans les mains, la prière sur les lèvres, les yeux sur le crucifix, il meurt....

(1) Lettre de S. Charles Borromée à l'Archevêque de Valence, *Vie de S. Charles*, par Giussano, tom. II, pag. 366, Avignon, chez Séguin.

(2) Mgr l'évêque de Montréal.

« Il est donc mort, ce vaillant athlète qui a combattu les bons combats, qui a consommé sa course, qui a gardé la foi ! il est donc mort, ce Pontife au cœur intrépide et doux, si grand dans la lutte, si grand dans les œuvres, si grand dans la foi ! il est tombé les armes à la main. Un seul coup, rapide et prompt comme la foudre, l'a touché au front.... Ah ! j'ose le dire, c'était la mort qui lui convenait ! D'ailleurs, quand on est prêt, et un évêque doit l'être toujours, la mort subite est une grâce ; c'est s'endormir sur le champ de bataille pour se réveiller dans la gloire ! (1) »

Voilà comment il épanchait sa douleur sur la tombe de son Maître ; n'était-il pas le prophète de sa mort ?

Il meurt donc, n'est-ce pas, au champ d'honneur ; après une retraite, au milieu de ses frères assemblés, son âme monte dans la lumière et dans le repos ; il a prêché la doctrine et travaillé pour l'Eglise. Que les anges de la France l'accueillent, que sainte Solange lui sourie, que saint Charles le reçoive, que la Reine immaculée, que la Vierge bénie, que la Mère du Sauveur, couronnée de ses mains dans les sanctuaires d'Issoudun et de Touvent, sur la place des Croisades à Clermont, lui rende un diadème ; que Jésus le place, par les mérites de son sang rédempteur, à la suite de saint Ursin, dans les phalanges des Evêques accomplis et des Pontifes fidèles !

Je m'arrête ; l'émotion brise ma voix, pardonnez-moi

(1) *Oraison funèbre de Mgr Parisis*, par Mgr de La Tour d'Auvergne.

si je ne vous présente qu'une image imparfaite de celui que nous pleurons ensemble.

Tous, vous achèverez cette esquisse rapide; peuple aimable et bienveillant qu'il a servi, petits enfants avides de ses bénédictions, magistrats qui, hier encore dans votre prétoire, lui rendiez un éloquent hommage, vaillants militaires qui l'avez admiré, riches qui suiviez les élans de ses générosités, pauvres et souffrants qui avez été consolés, vous n'avez pas oublié son héroïsme dans la dure épidémie d'Arras et les redoutables inondations de la Loire; prêtres et religieux, vous les préférés de son cœur, complétez ce discours, terminez ce portrait; vos souvenirs et vos larmes lui font une auréole.

O grand Pontife! ô noble Frère! nous pleurons et nous prions; le vide de cette Cathédrale et de nos cœurs est immense. Que votre main bénisse encore, que vos bénédictions versent sur la France les clartés et les forces qui la firent le soldat de Dieu; bénissez ce Pontife aux vertus attirantes: il porte sans fléchir un lourd et difficile héritage. Bénissez-moi surtout; nous nous sommes rencontrés souvent sur les chemins de l'apostolat; près des rivages du Tibre, à l'heure des angoisses et des luttes de l'Église, nous avons prié, travaillé et combattu ensemble; vous, de noble race, vous avez accueilli le fils d'une République, l'Évêque exilé et souffrant; votre demeure abrita sa maladie et votre cœur lui fit une famille; soutenez-moi sur les routes de ma douleur et de mon espérance.

Obtenez pour votre diocèse en larmes un Evêque comme vous athlète de l'Eglise, gardien vigilant de la doctrine, ami de ses prêtres, père de son peuple, un Evêque qui marche, comme vous, selon le cœur de Dieu devant son Christ tous les jours de sa vie. Ainsi soit-il !

NOTE

La Princesse de La Tour d'Auvergne-Lauraguais (Laurence-Marie-Louise-Félicité de Chauvigny de Blot), née à Jersey, pendant l'émigration, le 13 novembre 1798, était fille de *Paul-Louis-Fortuné*, Comte de Chauvigny de Blot, Maréchal des camps et armées du Roi, Chevalier de Saint-Louis, etc., etc., et de *Louise-Antoinette-Adélaïde* Geoffroi de Villeblanche.

Par son père, elle appartenait à l'antique maison de Chauvigny et de Blot, qui, à partir de l'an 1070, a possédé dans l'Auvergne, dans le Poitou, dans le Berry et dans le Bourbonnais, des fiefs considérables, et qui compte plusieurs alliances avec la maison de Bourbon ; par sa mère, qui était fille de Paul-Jean-Geoffroi de Villeblanche, Capitaine des vaisseaux du Roi et Brigadier de ses armées navales, etc., et de Louise-Gaëtane de Quélen, elle tenait aux plus illustres familles de Bretagne.

De son mariage (21 mai 1821) avec le Prince Charles-Melchior-Philippe-Bernard de La Tour d'Auvergne-Lauraguais, décédé le 18 mai 1849, au château de Saint-Paulet (Aude), sont issus quatre enfants :

1° *Henri*-Godefroy-Bernard-Alphonse, Prince de la Tour d'Auvergne Lauraguais, né à Paris le 23 octobre 1823, ambassadeur de France à Rome, à Londres et à Vienne, ministre des affaires étrangères, etc., décédé le 5 mai 1871, au château d'Angliers (Vienne) ; marié le 14 août 1851 à Emilie-Céleste de Montaut-Desilles, décédée à Livourne le 8 mars 1857 ; dont Charles-Laurent-Bernard-*Godefroy*, Prince de La Tour d'Auvergne-Lauraguais, né à Loudun (Vienne), le 20 juin 1852 ;

2° Prince *Charles*-Amable de La Tour d'Auvergne-Lauraguais, né à Moulins (Allier), le 6 décembre 1826, archevêque de Bourges ;

3° Prince *Edouard*-Louis-Joseph-Melchior de La Tour d'Auvergne-Lauraguais, né à Arras, le 3 août 1828, général de brigade.

4° Princesse *Henriette*-Marie-Thérèse-Adélaïde de La Tour d'Auvergne-Lauraguais, née à Arras, le 30 janvier 1832, chanoinesse du Chapitre-Royal de Sainte-Anne de Bavière, décédée à Paris, le 7 août 1858.

La princesse de La Tour d'Auvergne a été précédée dans la tombe par deux de ses enfants : sa fille, d'abord, en 1858, et ensuite son fils aîné, en 1871. Elle-même a succombé le 16 avril 1874 à la maladie dont elle était atteinte depuis quelques années déjà.

Imp. A. Jollet, H. Sire, succ., Bourges. — 9855

www.ingramcontent.com/pod-product-compliance
Ingram Content Group UK Ltd.
Pitfield, Milton Keynes, MK11 3LW, UK
UKHW021947260726
13994UKWH00004B/1587

9 782329 240152